This book belongs to

Illustrated by Paula Knight (Advocate)
English language consultant: Betty Root

This is a Parragon Publishing book
This edition published in 2004

Parragon Publishing
Queen Street House
4 Queen Street
Bath, BA1 1HE, UK

ISBN 0-75257-769-7

Printed in China

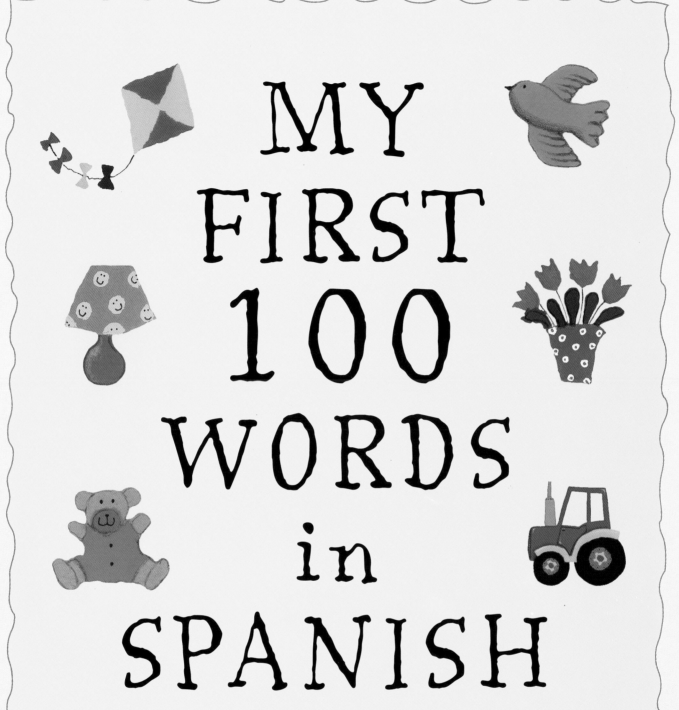

MY FIRST 100 WORDS in SPANISH

A first Spanish—English word book

p

Mi familia
My family

Mamá

Mom

Papá

Dad

el hermano

brother

la hermana

sister

el bebe
baby

la abuela
grandma

el abuelo
grandpa

el perro
dog

En mi casa
In my home

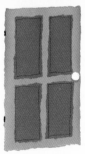

la puerta
door

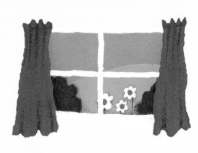

la ventana
window

la alfombra
rug

la televisión
television

la silla
chair

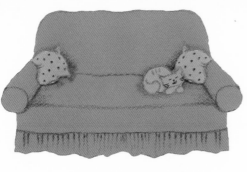

el sofá
sofa

la mesa
table

las flores
flowers

Mi ropa
Getting dressed

la camiseta
undershirt

los calzoncillos
underpants

el pantalón corto
shorts

los pantalones
pants

la falda

skirt

los calcetines

socks

los zapatos

shoes

la camisa

shirt

el suéter

sweater

el tazón
bowl

el plato
plate

el jarro
pitcher

el cuchillo
knife

el tenedor
fork

la cuchara
spoon

la taza
cup

el platillo
saucer

La hora de jugar
Playtime

el tren
train

la trompeta
trumpet

el tambor
drum

los bloques de madera
blocks

la caja sorpresa
jack-in-the-box

la muñeca
doll

las pinturas
paints

el rompecabezas
puzzle

En la ciudad
In the city

MODAS

el autobús
bus

el camión
truck

la tienda
store

la bicicleta
bicycle

el carro
car

el cochecito
stroller

el coche de bomberos
fire truck

la moto
motorcycle

En el parque
In the park

los columpios
swings

el tobogán
slide

el subibaja
seesaw

la pelota
ball

la verja
gate

el árbol
tree

el pájaro
bird

la cometa
kite

Junto al mar
At the seashore

el cubo
pail

la pala
shovel

el helado
ice cream

el pez
fish

el castillo de arena
sandcastle

la playera
T-shirt

el cangrejo
crab

el barco
boat

la concha
shell

En la tienda
At the store

la canasta
basket

el carrito
cart

los plátanos
bananas

las manzanas
apples

las naranja
oranges

las zanahorias
carrots

el pan
bread

los tomates
tomatoes

la leche
milk

el queso
cheese

En la granja
On the farm

el caballo

horse

la vaca

cow

el granjero

farmer

el puerco

pig

la gallina
chicken

el gato
cat

la oveja
sheep

el tractor
tractor

La hora del baño
Bathtime

el cepillo para los dientes
toothbrush

la pasta de dientes
toothpaste

el baño
bathtub

el pato
duck

el jabón
soap

la toalla
towel

el orinal de niño
potty

la vasija
sink

A la cama
Bedtime

la lámpara
lamp

las pantuflas
slippers

la cama
bed

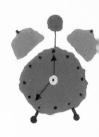

el reloj
clock

el libro
book

la luna
moon

el pijama
pajamas

el oso
teddy bear

Las frases útiles   Useful phrases

Hola	Hello
Adiós	Goodbye
Sí	Yes
No	No
Por favor	Please
Gracias	Thank you
Buenos días	Good morning
Buenas tardes	Good afternoon
Buenas noches	Goodnight

Sí   No

¿Cómo te llamas?   What is your name?
Me llamo ...   My name is ...

¿Cómo estás?   How are you?
Muy bien.   I am very well.

¿Dónde vives?   Where do you live?
Vivo en ...   I live in ...

¿Cuántos años tienes?
How old are you?

Tengo ... años.
I am ... years old.

Las partes del cuerpo Parts of the body

el pelo
hair

el ojo
eye

la oreja
ear

la nariz
nose

la boca
mouth

el cuello
neck

el brazo
arm

el pulgar
thumb

la mano
hand

**el dedo
(de la mano)**
finger

la pierna
leg

la rodilla
knee

el dedo (del pie)
toe

el pie
foot

Los días de la semana
Days of the week

Lunes	Monday
Martes	Tuesday
Miércoles	Wednesday
Jueves	Thursday
Viernes	Friday
Sábado	Saturday
Domingo	Sunday

Los meses del año
Months of the year

Enero	January
Febrero	February
Marzo	March
Abril	April
Mayo	May
Junio	June
Julio	July
Agosto	August
Septiembre	September
Octubre	October
Noviembre	November
Diciembre	December

Los colores Colors

 **blanco** white

 rojo red

 negro black

 café brown

 **naranja** orange

 **rosa** pink

 **amarillo** yellow

 morado purple

 **verde** green

 **azul** blue

Los números Numbers

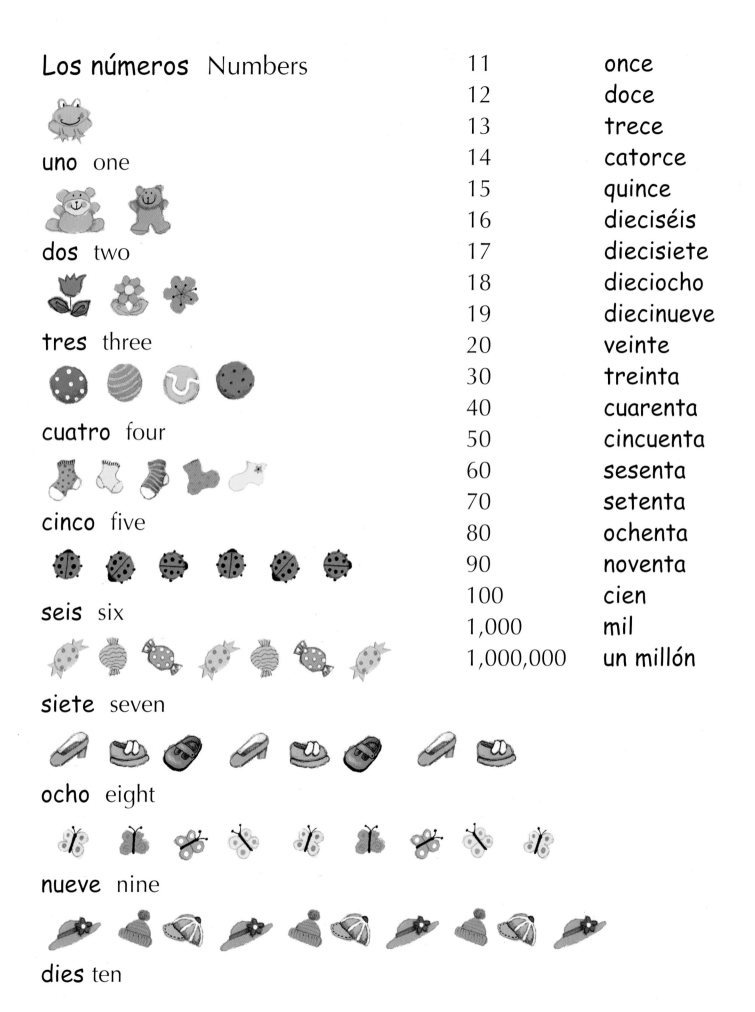

uno one

dos two

tres three

cuatro four

cinco five

seis six

siete seven

ocho eight

nueve nine

dies ten

11	once
12	doce
13	trece
14	catorce
15	quince
16	dieciséis
17	diecisiete
18	dieciocho
19	diecinueve
20	veinte
30	treinta
40	cuarenta
50	cincuenta
60	sesenta
70	setenta
80	ochenta
90	noventa
100	cien
1,000	mil
1,000,000	un millón

Word list

a

la abuela	grandma
el abuelo	grandpa
la alfombra	rug
amarillo	yellow
el árbol	tree
el autobús	bus
azul	blue

b

el baño	bathtub
el barco	boat
el bebe	baby
la bicicleta	bicycle
blanco	white
el bloque de madera	block
la boca	mouth
el brazo	arm

c

el caballo	horse
café	brown
la caja sorpresa	jack-in-the-box
el calcetín	sock
los calzoncillos	underpants
la cama	bed
el camión	truck
la camisa	shirt
la camiseta	undershirt
la canasta	basket
el cangrejo	crab
el carrito	cart
el carro	car
la casa	house
el castillo de arena	sandcastle
el cepillo para los dientes	toothbrush
la ciudad	city
el coche de bomberos	fire truck
el cochecito	stroller
los columpios	swings
la cometa	kite
la comida	meal
la concha	shell
el cubo	pail
la cuchara	spoon
el cuchillo	knife
el cuello	neck

d

el dedo (de la mano)	finger
el dedo (del pie)	toe

f

la falda	skirt
la familia	family
la flor	flower

g/h

la gallina	hen
el gato	cat
la granja	farm
el granjero	farmer
el helado	ice cream
la hermana	sister
el hermano	brother

j

el jabón	soap
el jarro	pitcher

l

la lámpara	lamp
la leche	milk
el libro	book
la luna	moon

m

Mamá	Mom
la mano	hand
la manzana	apple
el mar	sea
la mesa	table
morado	purple
la moto	motorcycle
la muñeca	doll

n/o

la naranja	orange
la nariz	nose
negro	black
el ojo	eye
la oreja	ear
el orinal de niño	potty
el oso	teddy bear
la oveja	sheep

p/q

el pájaro	bird
la pala	shovel
el pan	bread
el pantalón corto	shorts
los pantalones	pants
las pantuflas	slippers
Papá	Dad
el parque	park
la pasta de dientes	toothpaste
el pato	duck
la pelota	ball

el pelo	hair
el perro	dog
el pez	fish
el pie	foot
la pierna	leg
el pijama	pajamas
las pinturas	paints
el plátano	banana
el platillo	saucer
el plato	plate
la playera	T-shirt
el puerco	pig
la puerta	door
el pulgar	thumb
el queso	cheese

r

el reloj	clock
la rodilla	knee
rojo	red
el rompecabezas	puzzle
la ropa	clothes
rosa	pink

s

la silla	chair
el sofá	sofa
el subibaja	seesaw
el suéter	sweater

t

la taza	cup
el tazón	bowl
la televisión	television
el tambor	drum
el tenedor	fork
la tienda	store
la toalla	towel
el tobogán	slide
el tomate	tomato
el tractor	tractor
el tren	train
la trompeta	trumpet

v

la vaca	cow
la vasija	sink
la ventana	window
verde	green
la verja	gate

z

la zanahoria	carrot
el zapato	shoe